I0789346

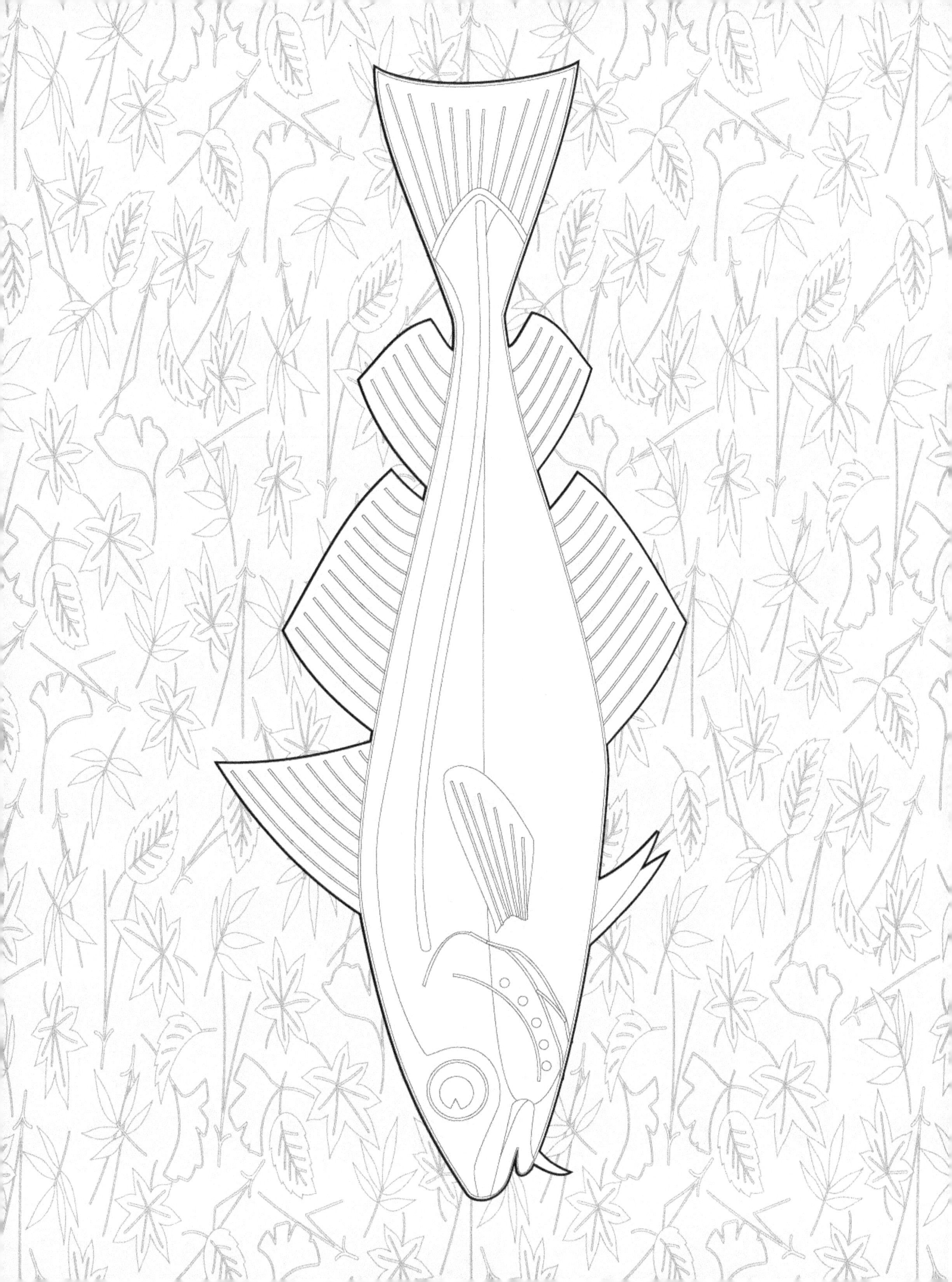

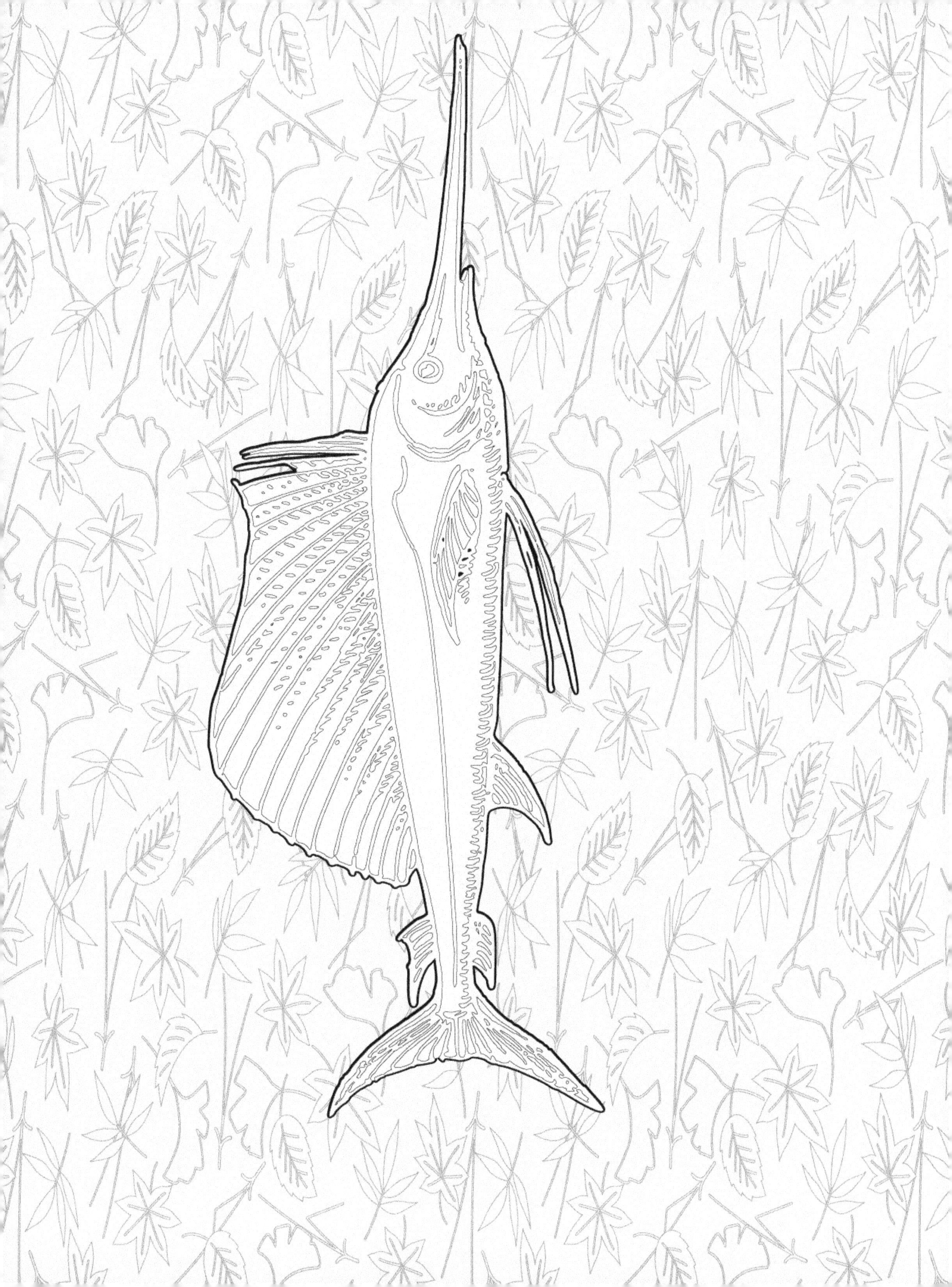

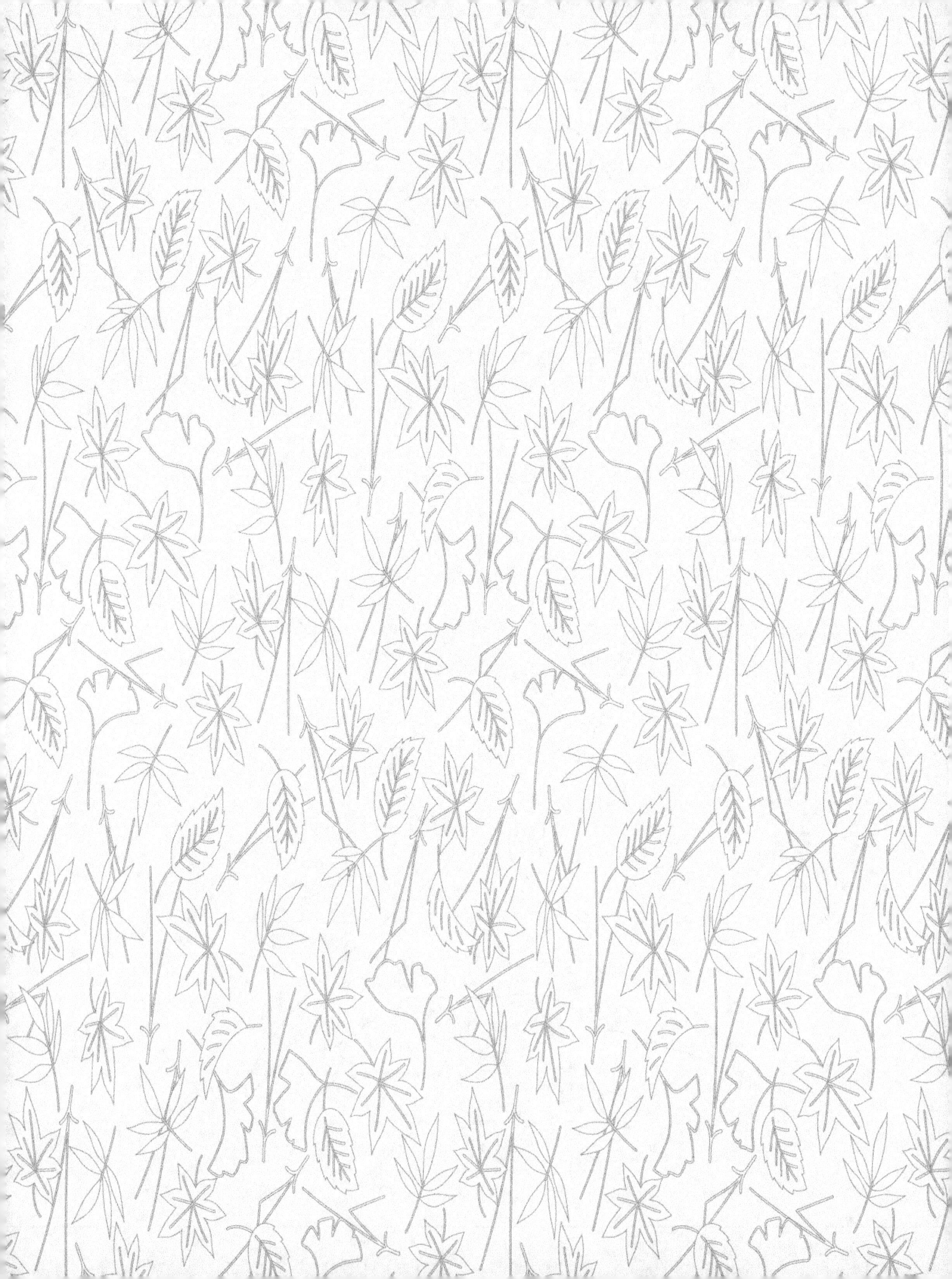

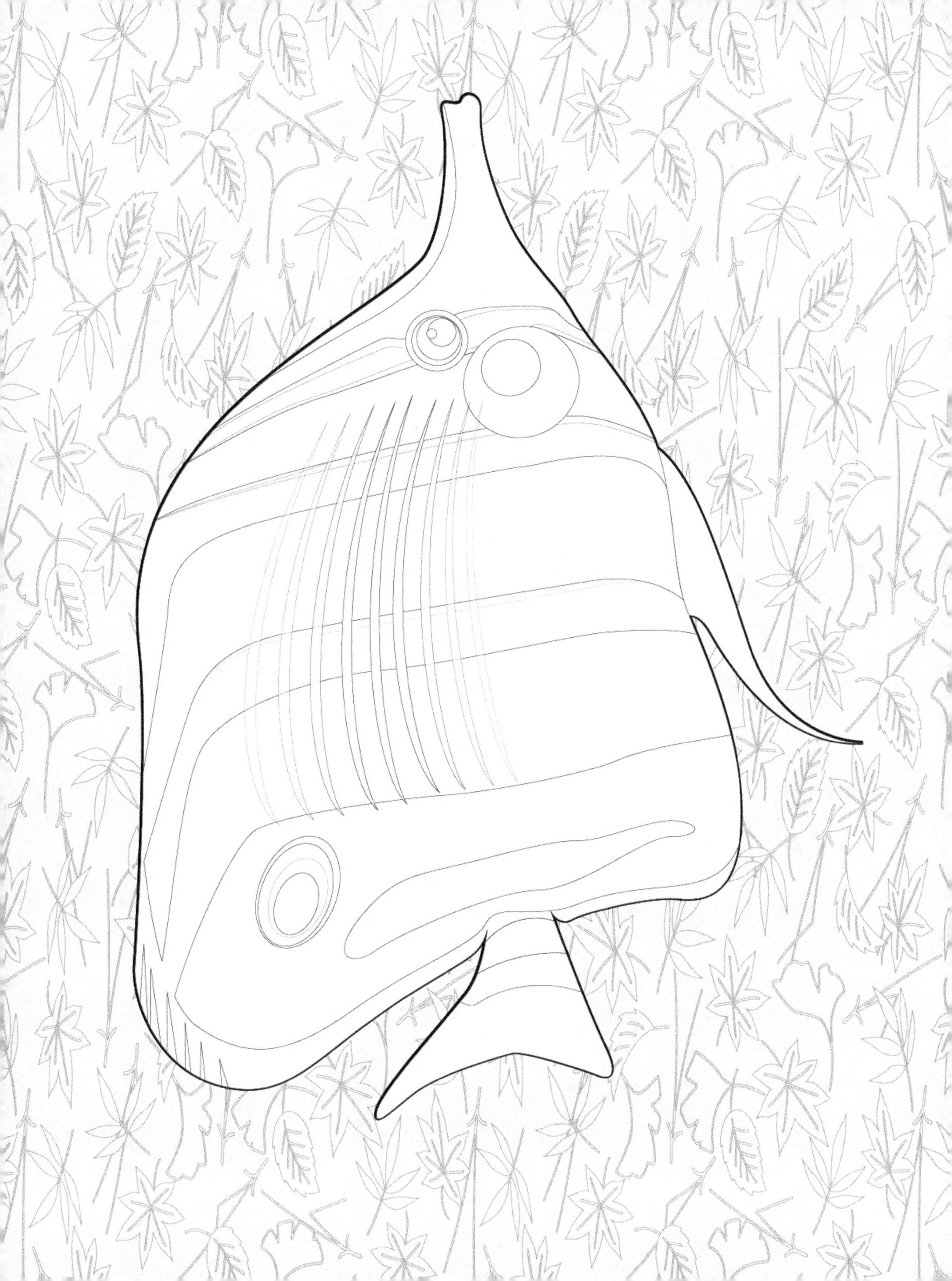

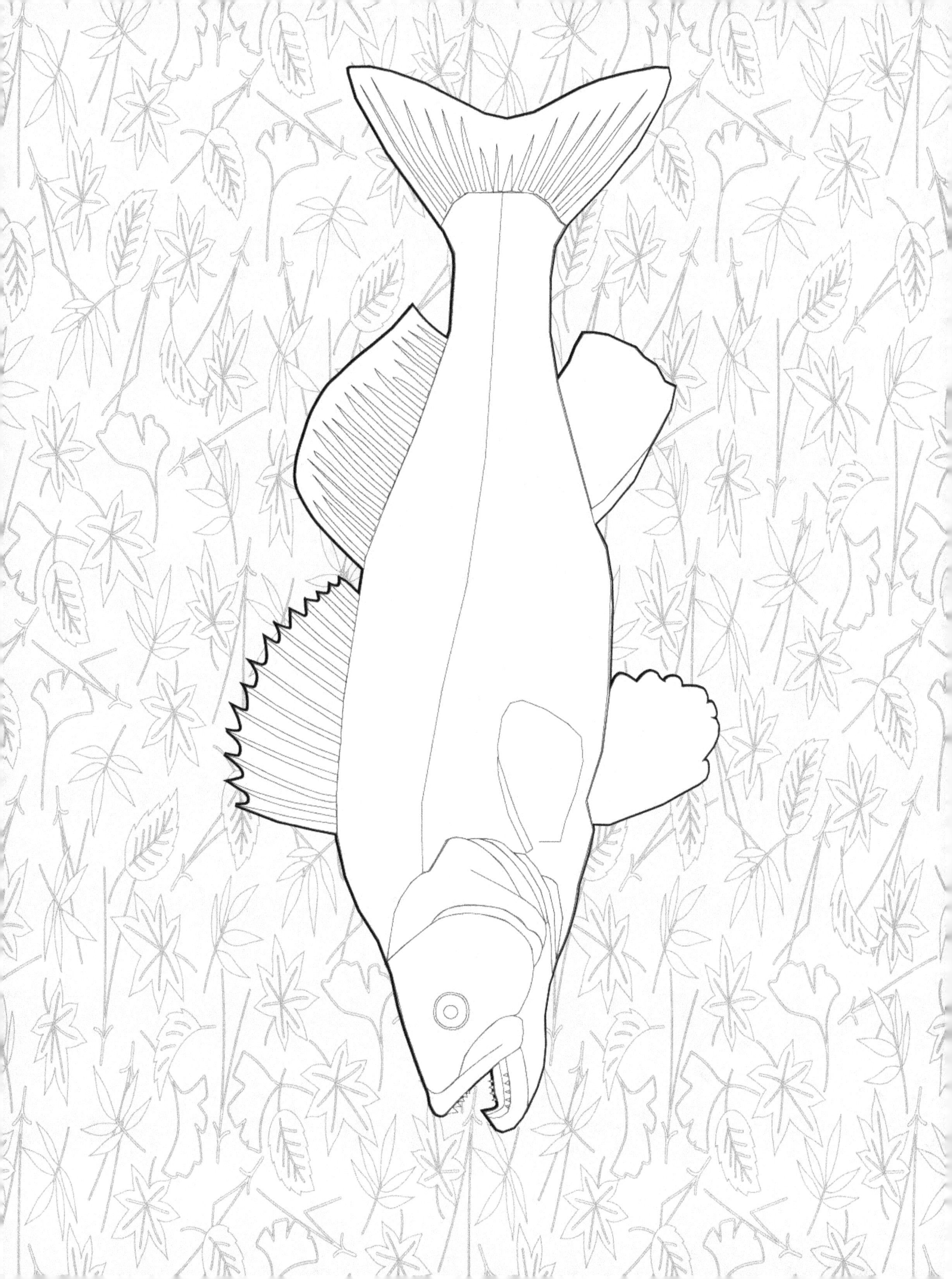

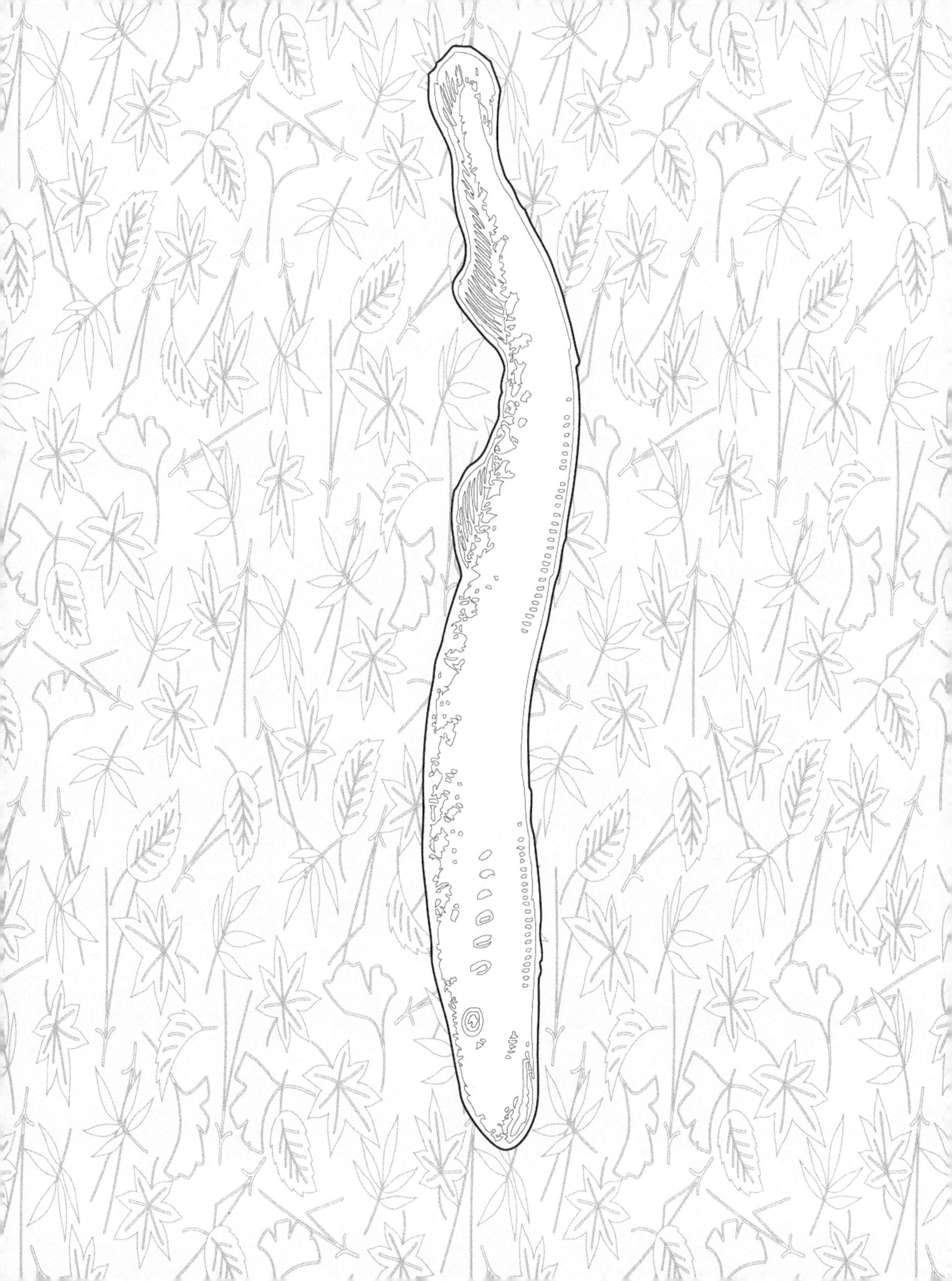

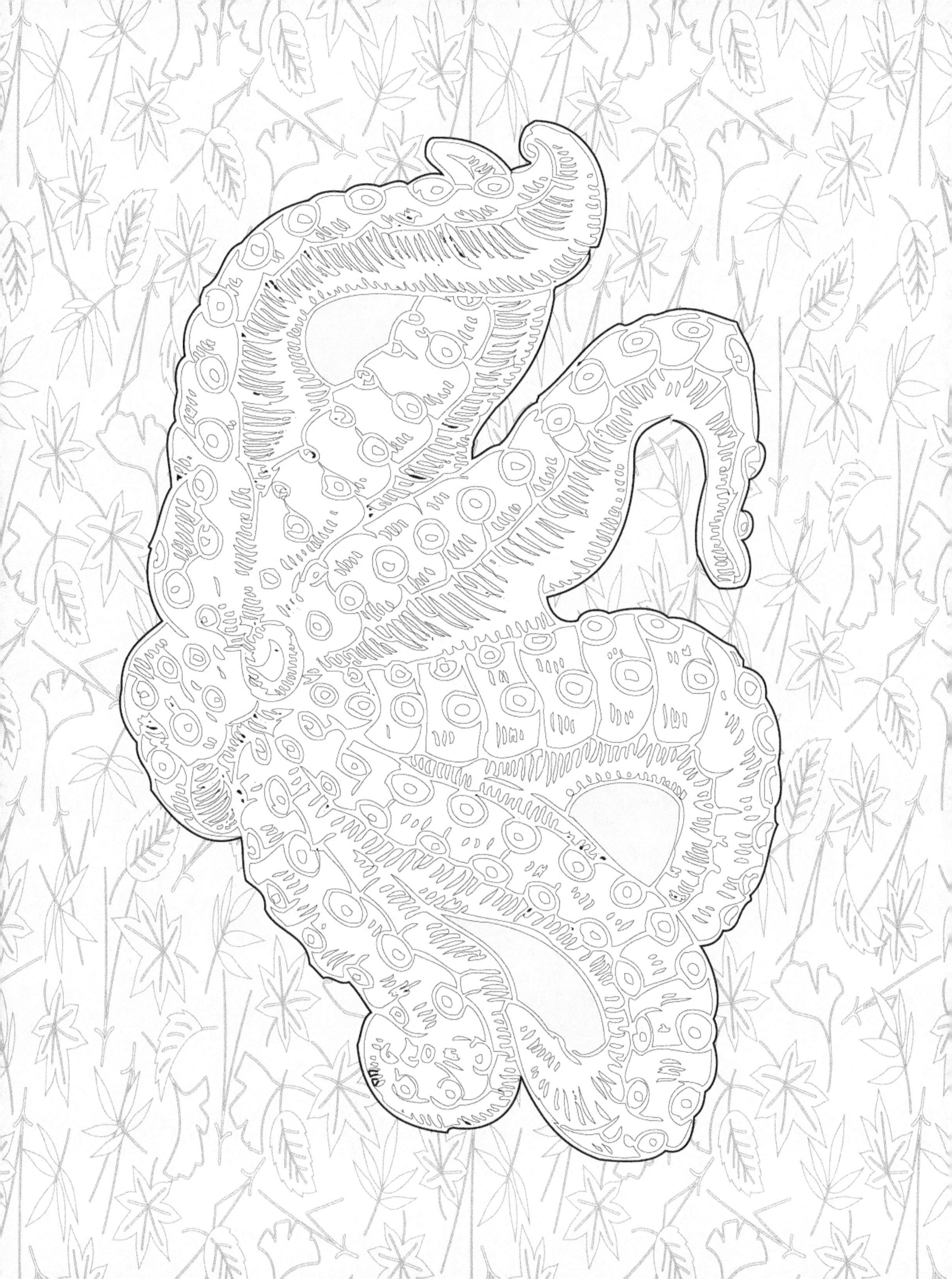

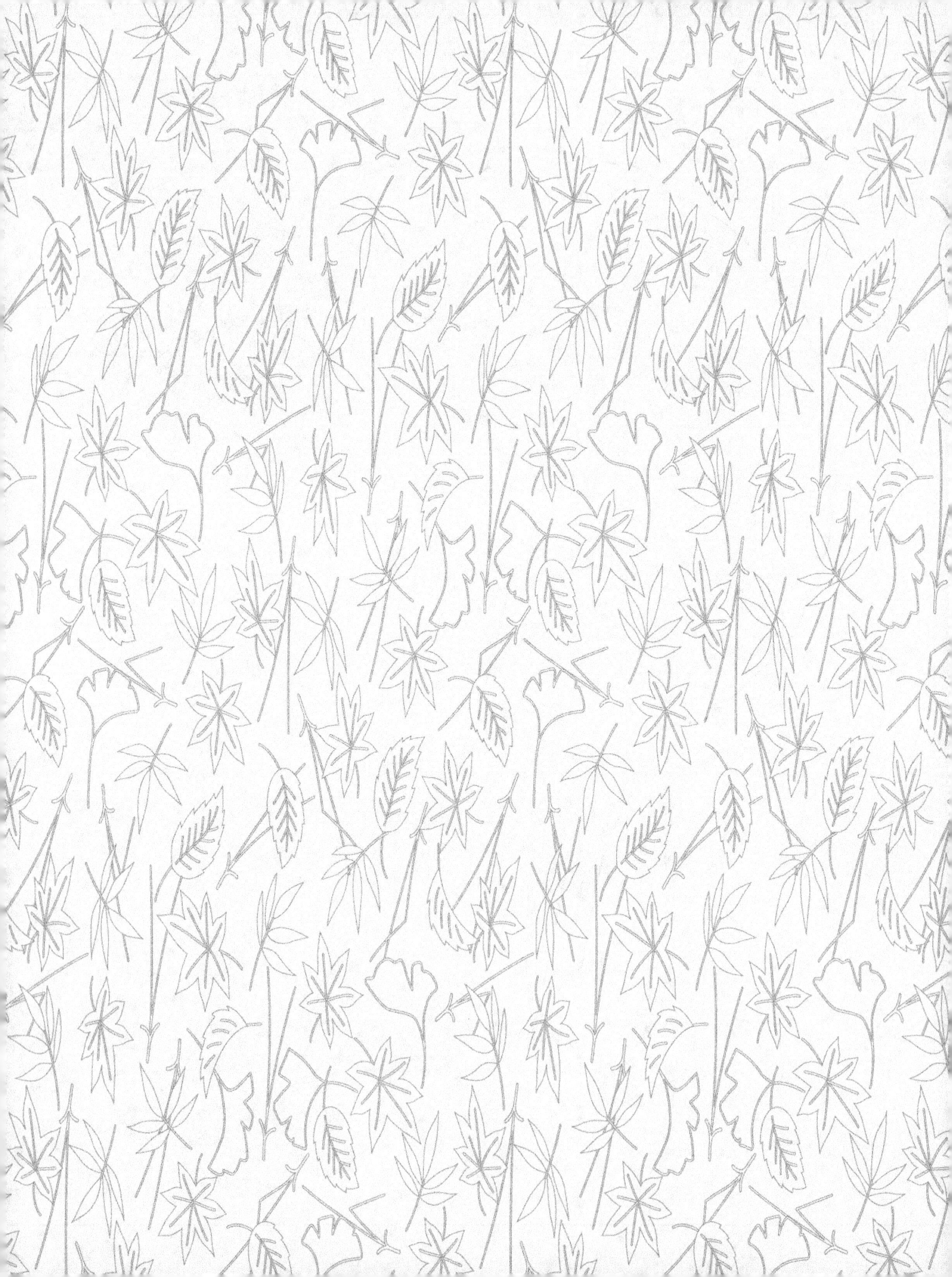

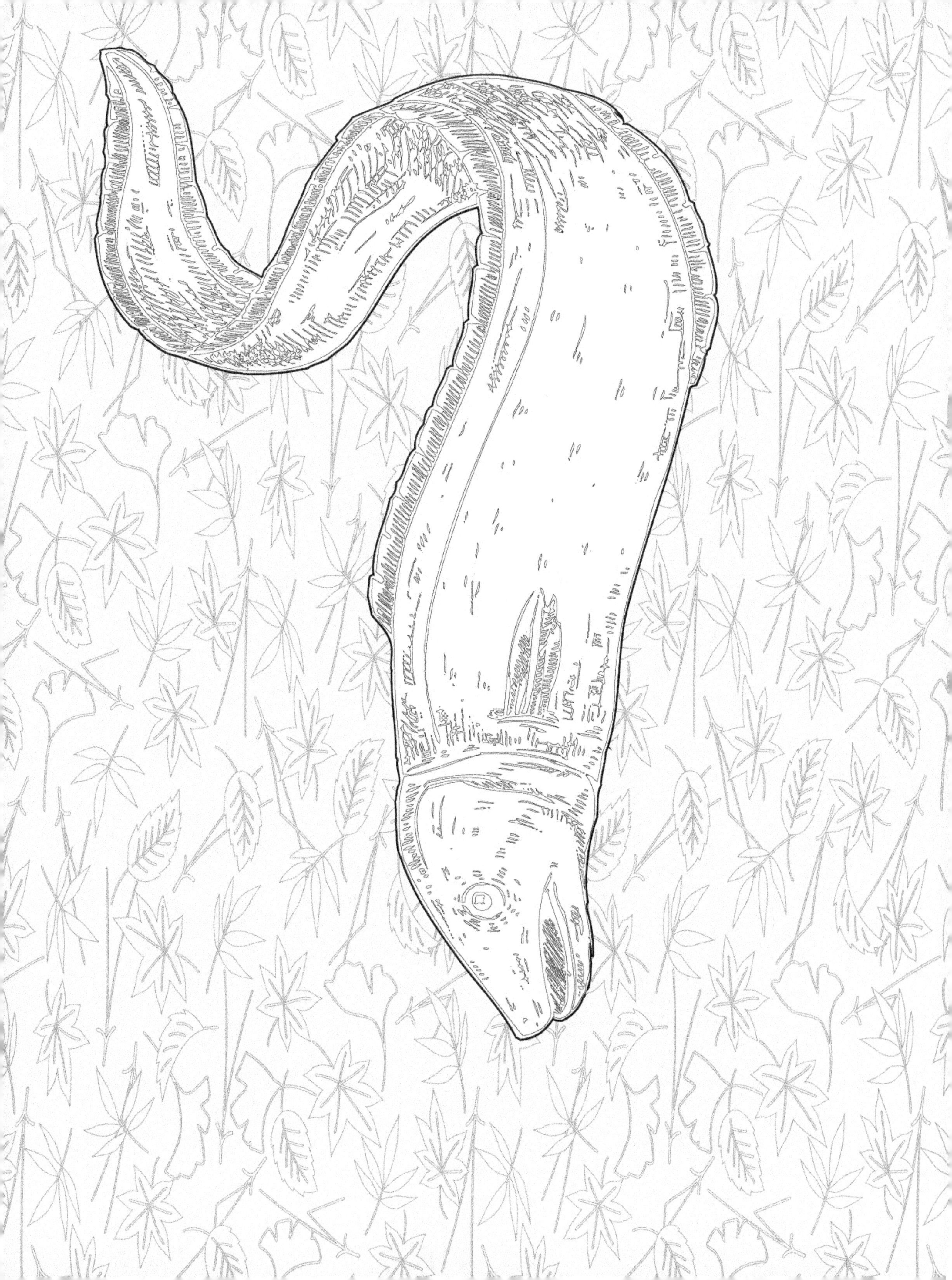

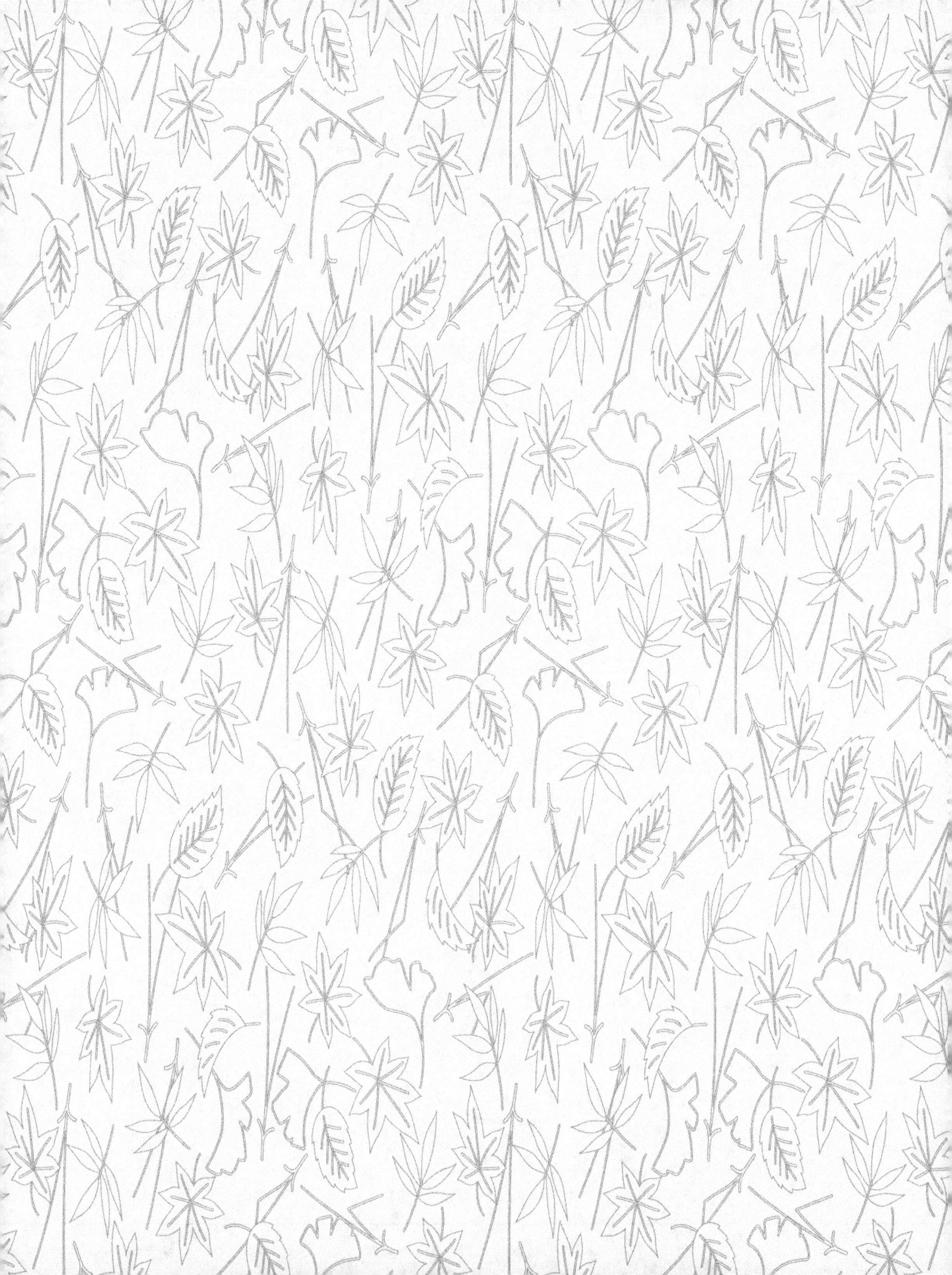

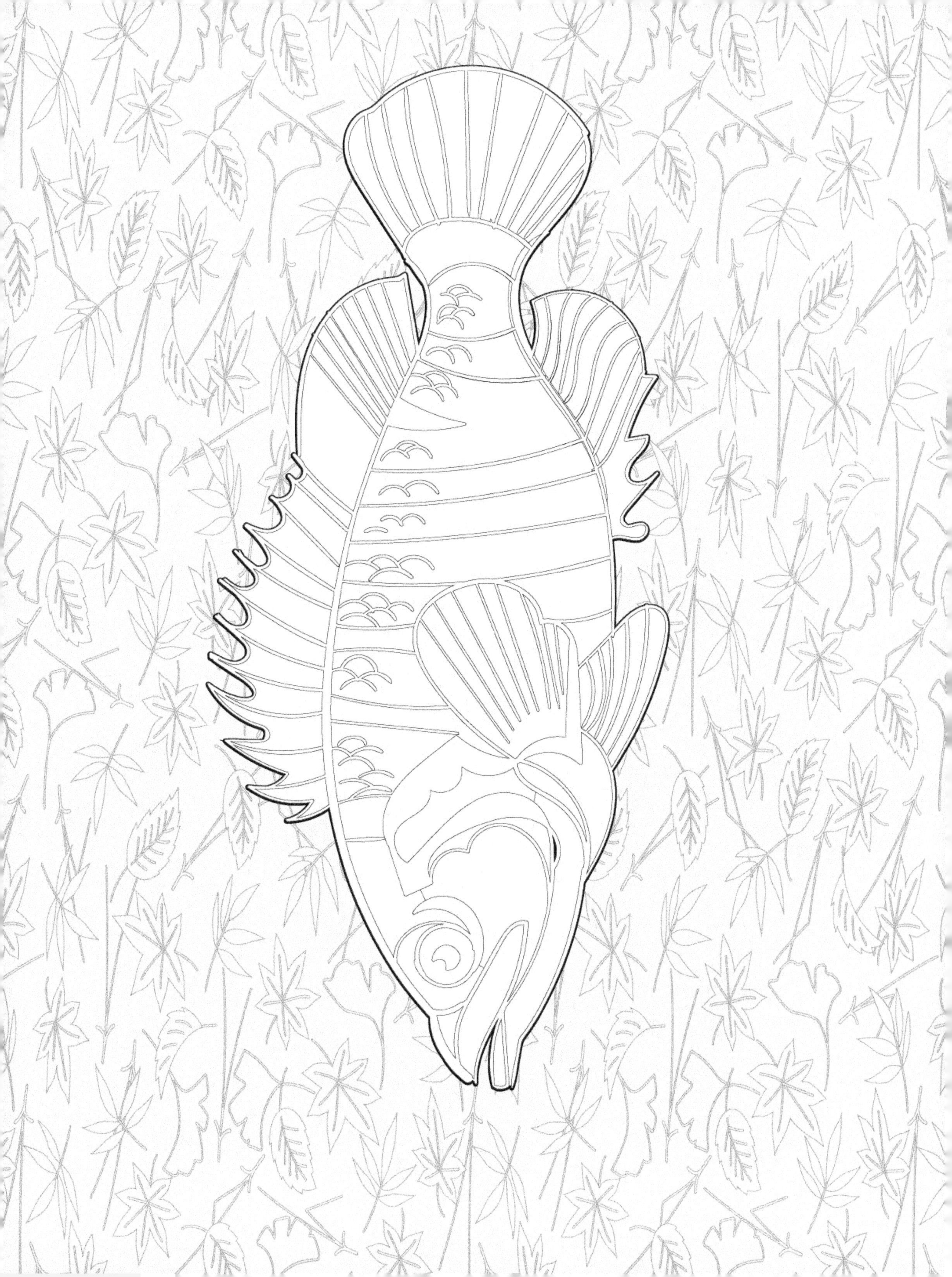

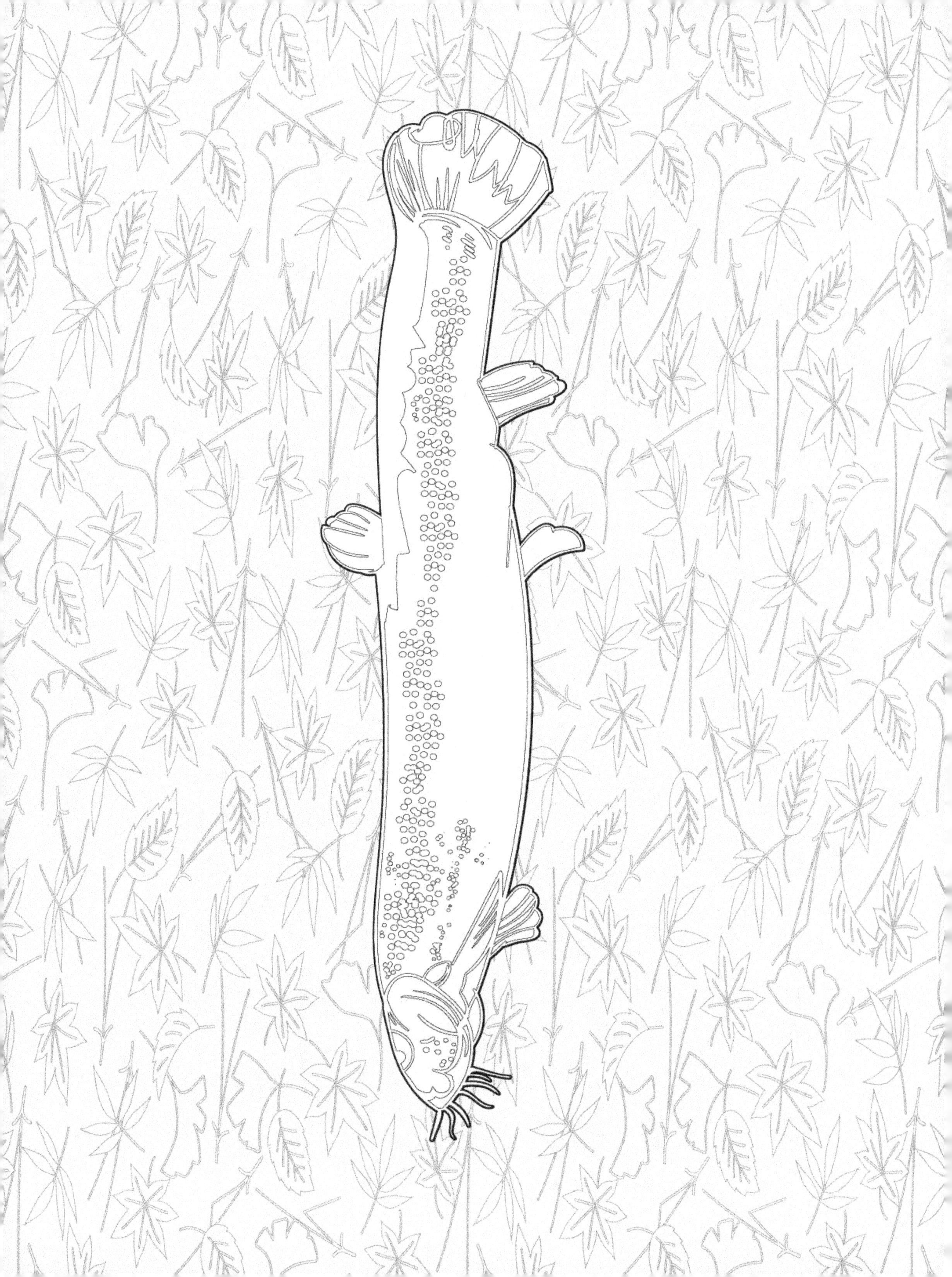

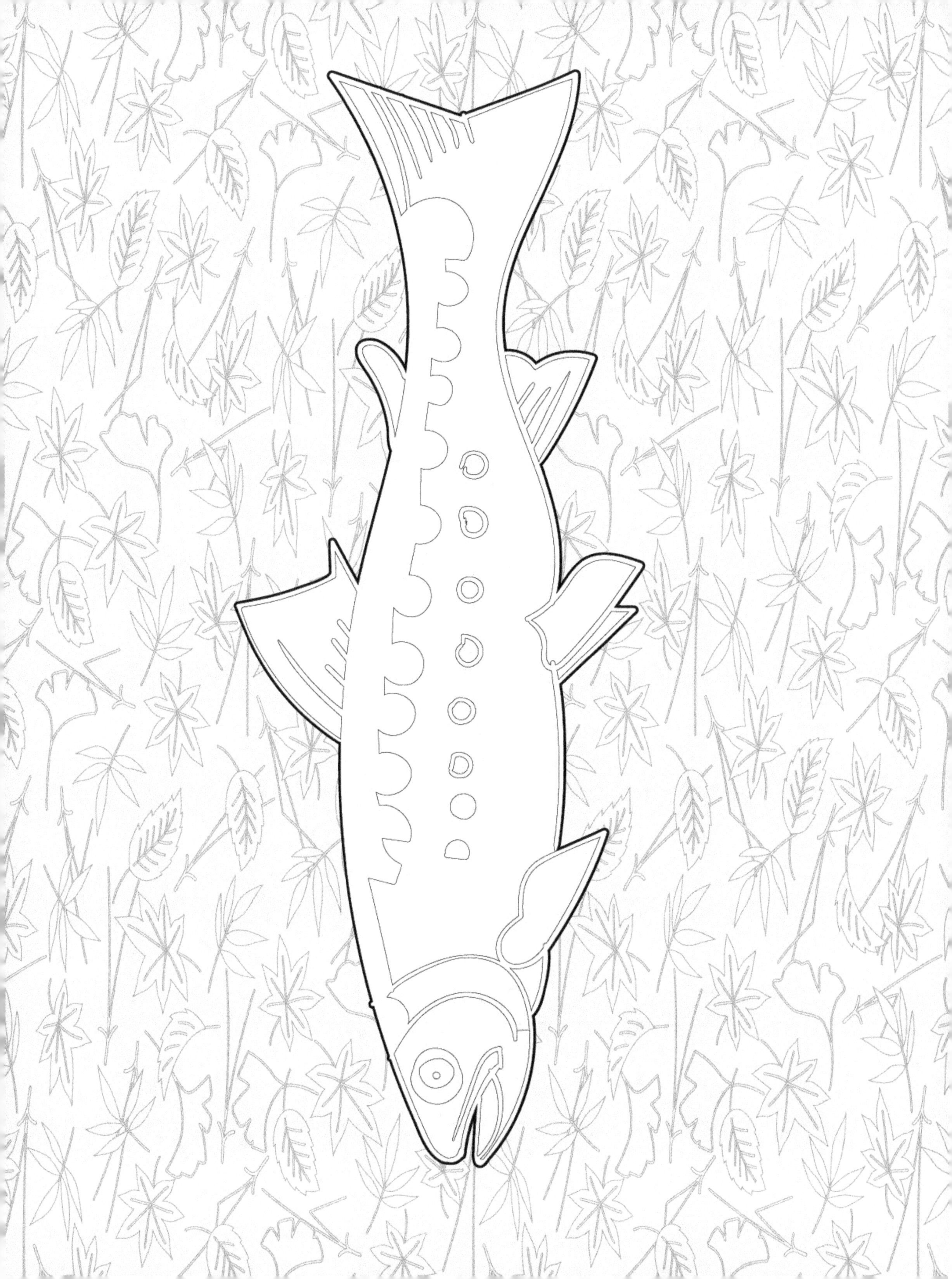

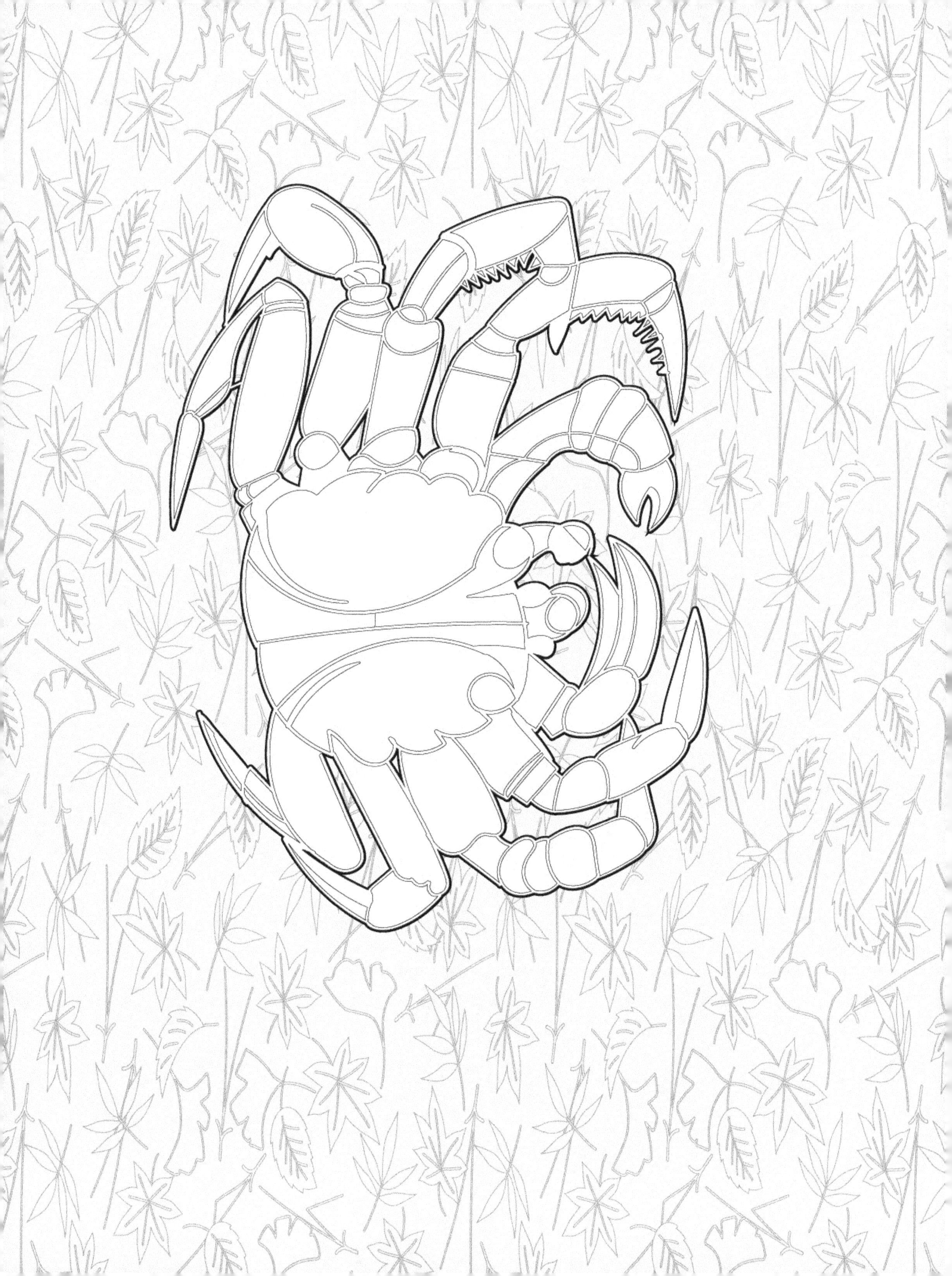

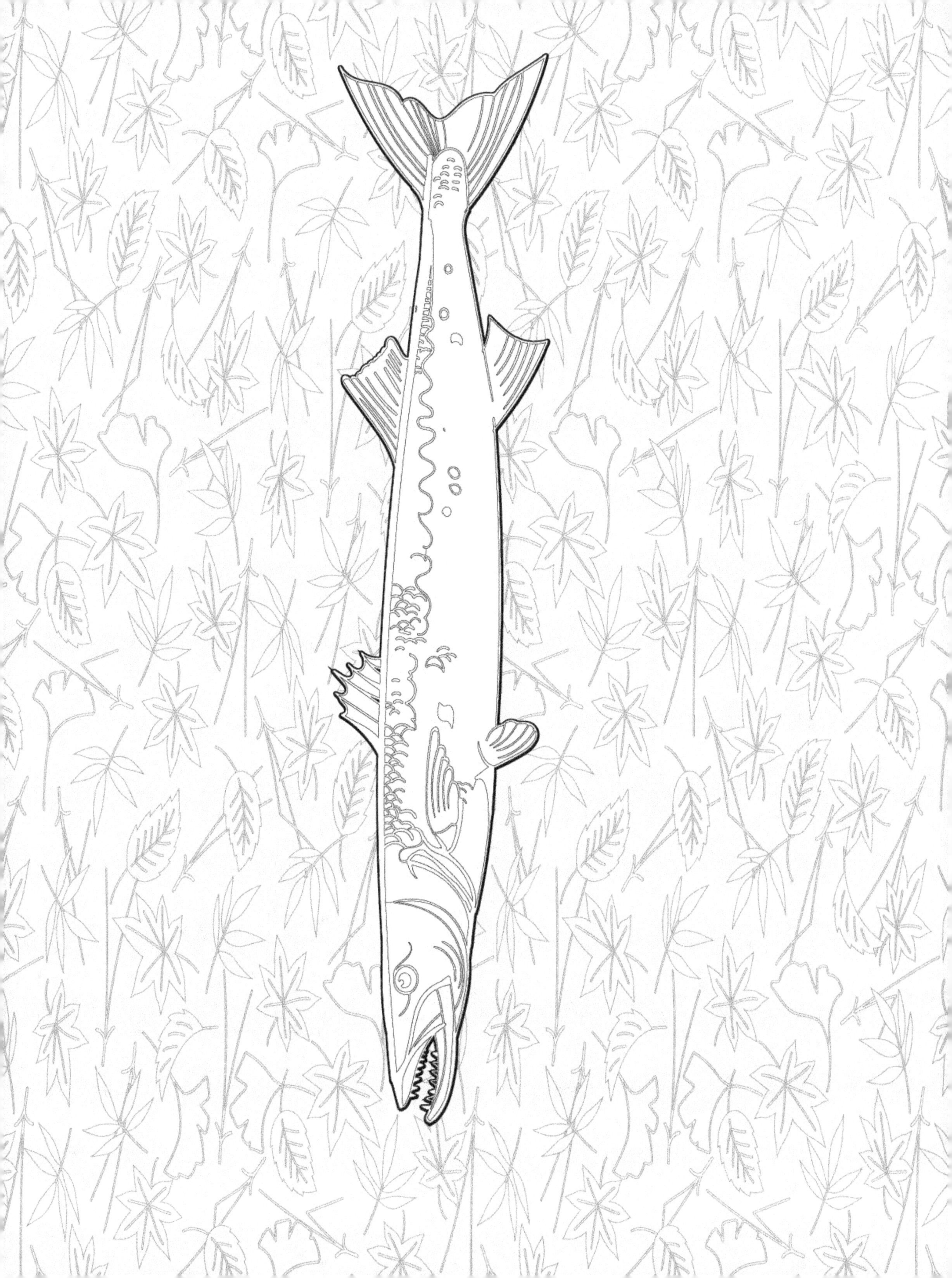

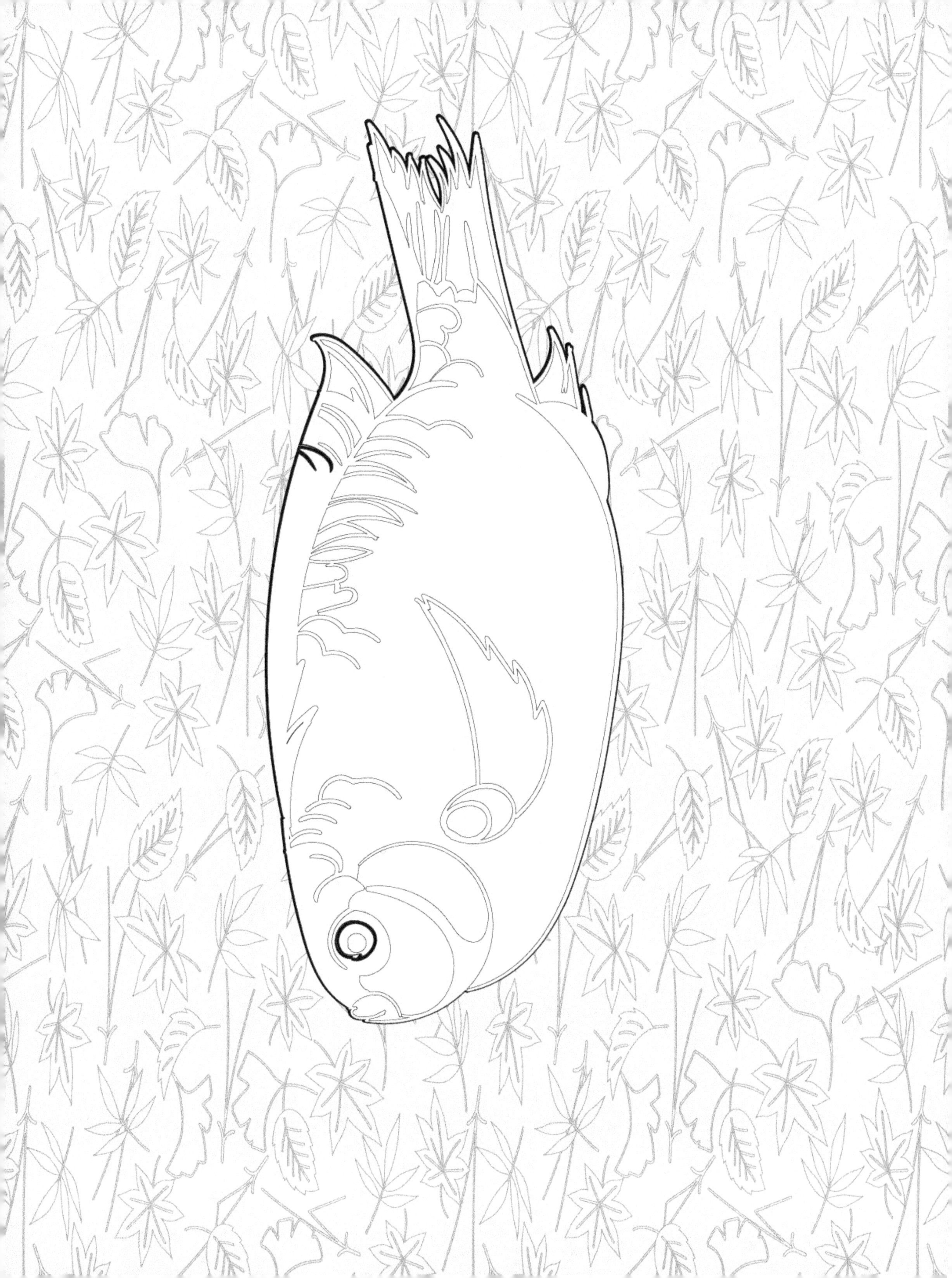

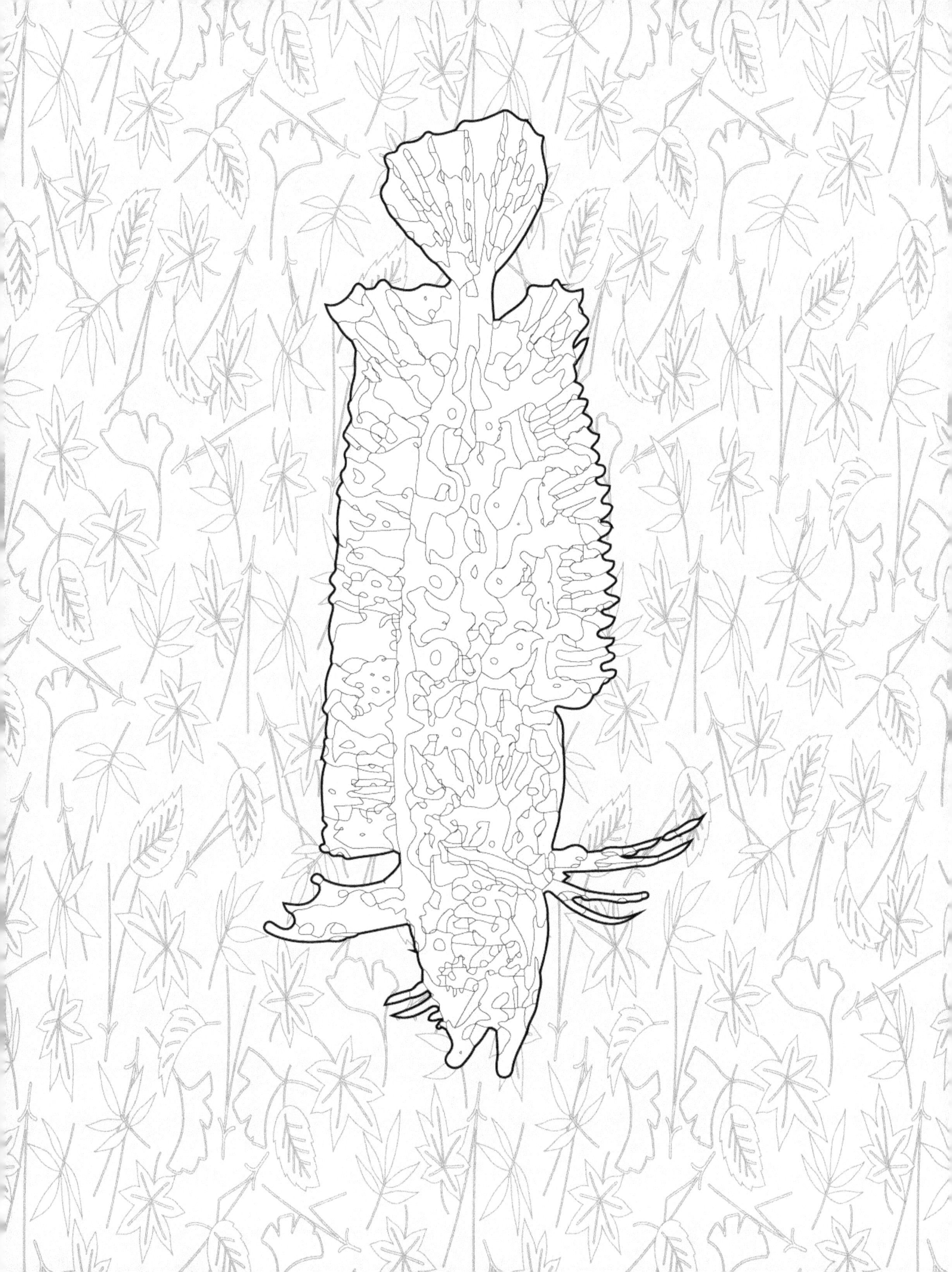

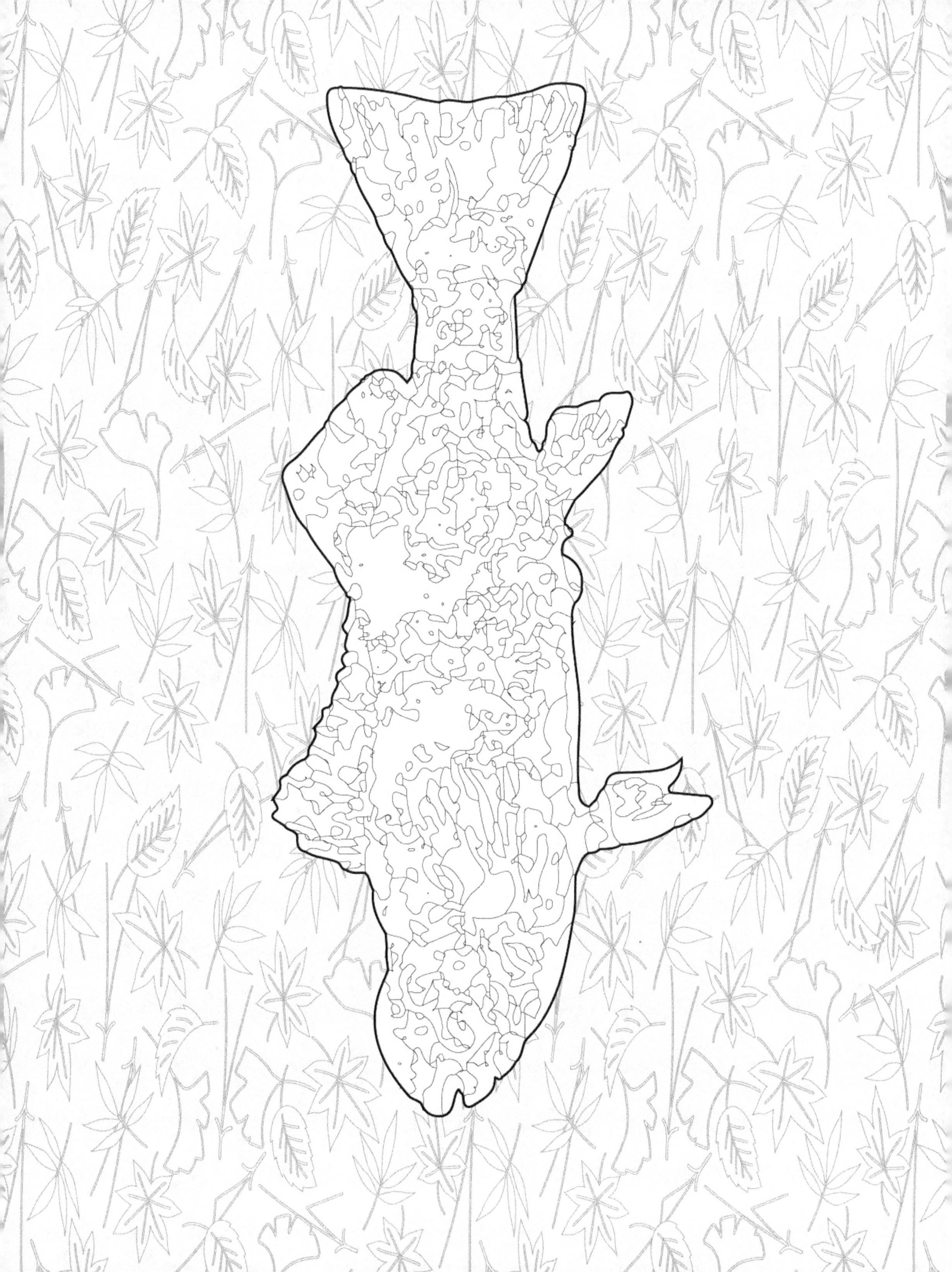

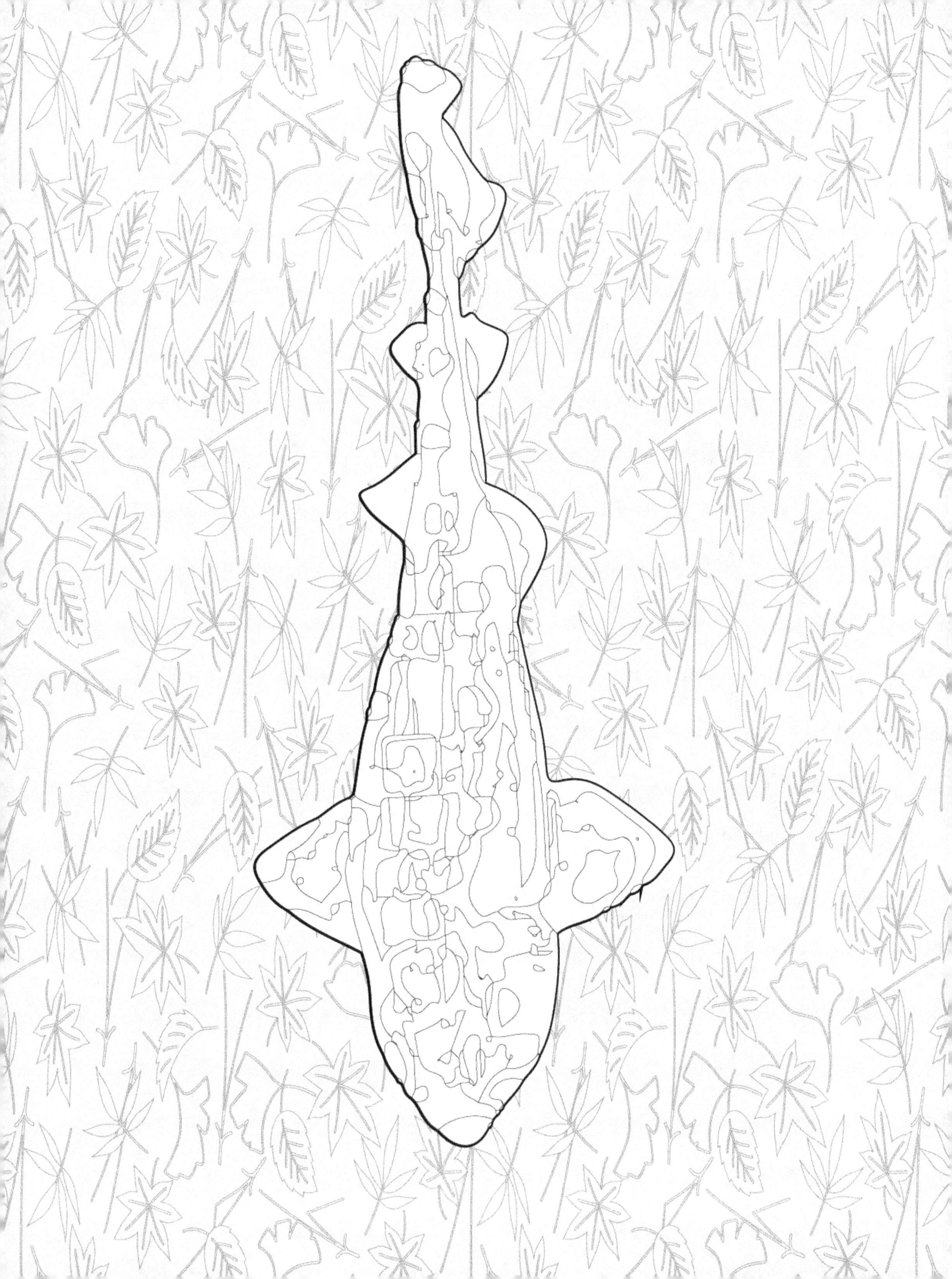

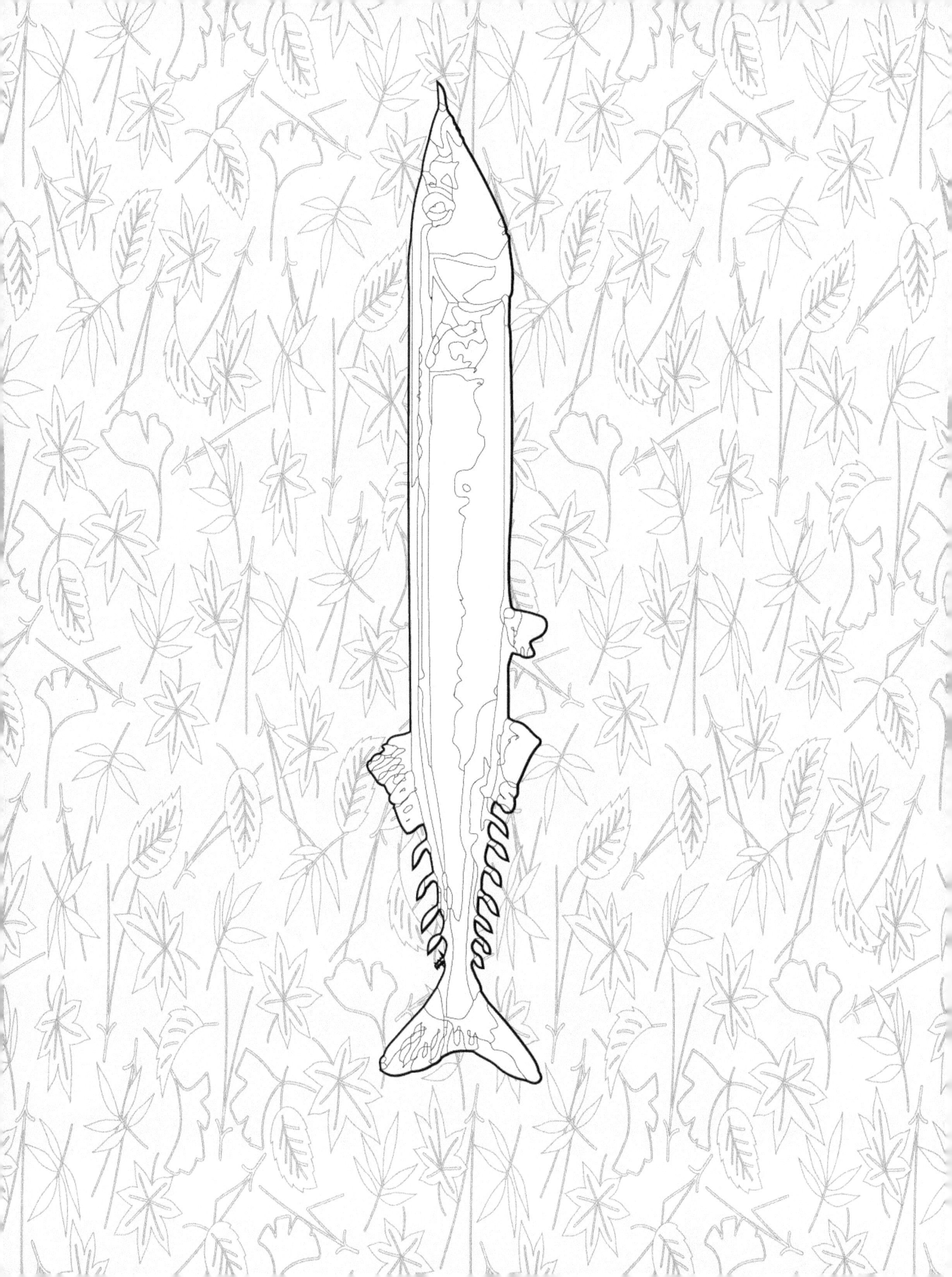

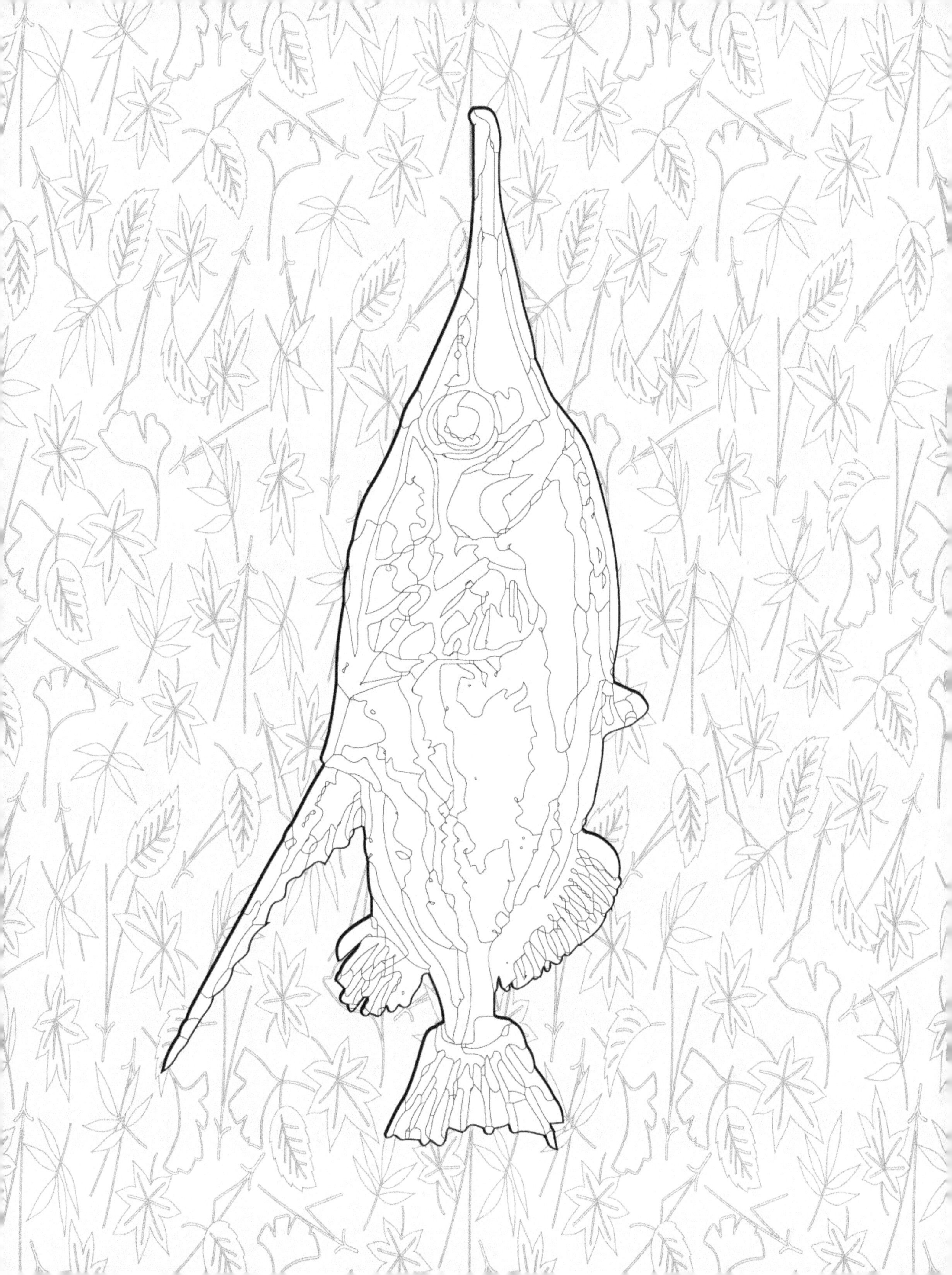

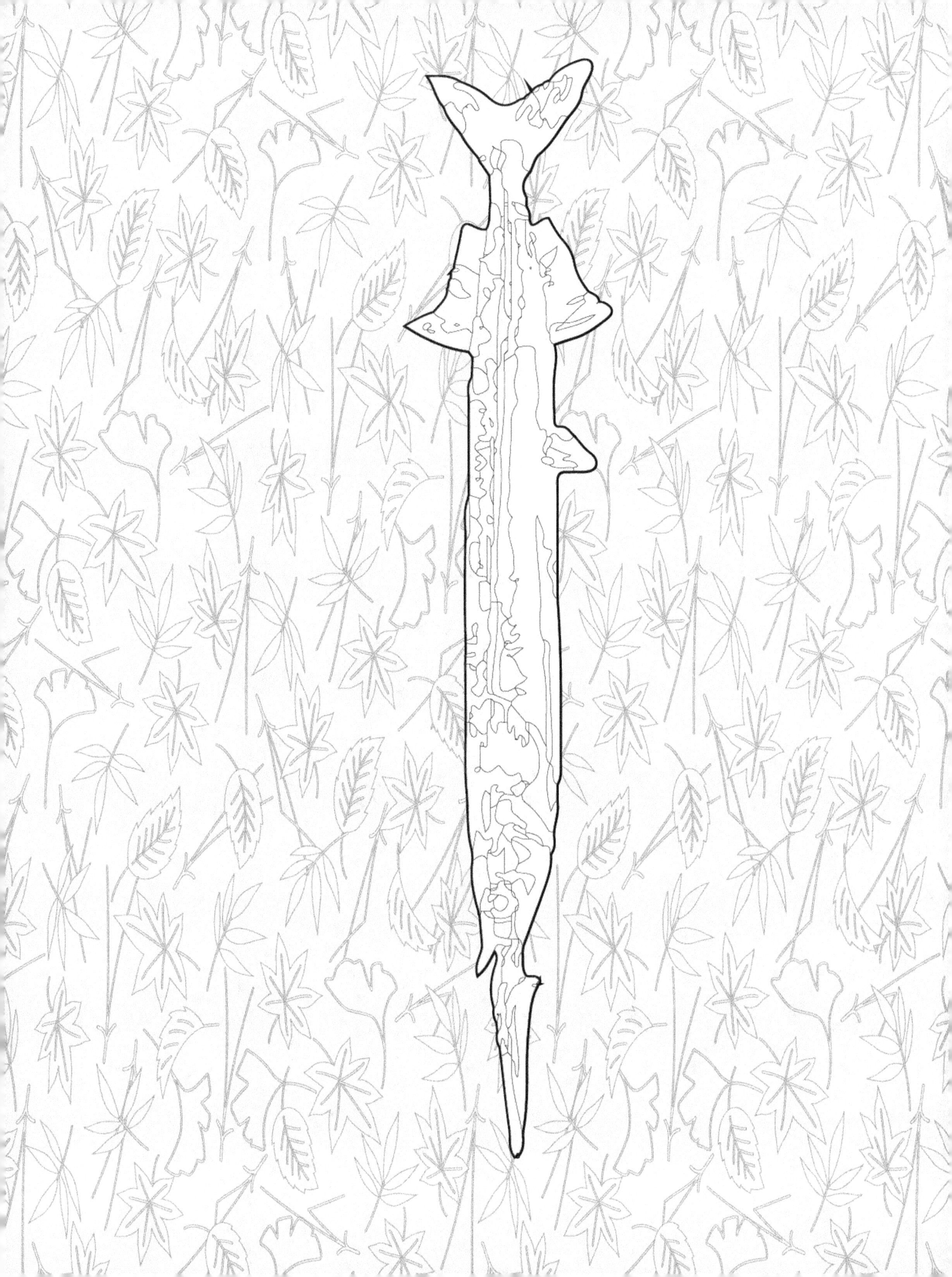